AF534777

Herstellung und Verlag: BoD - Books on Demand
In de Tarpen 42 / 22848 Norderstedt / Deutschland
eMail: albertus-books@gmx.de

ISBN 9783746080147

Stephan Dettmeyer

Charly-Marx-City

- ein Stadtrundgang
- es führt Sie: ***Herr Dr. Karl Marx***

Autor

...studierte Geophysik, Literatur und Philosophie / freiberuflich seit 1984 als Kolumnist, Fotograf, Kabarettist und Schriftsteller

Guten Tag !
Schön, dass wir uns hier in Chemnitz zufällig begegnen. Gestatten - Marx, Karl , Doktor der Philosophie. Wenn Sie mich mit Charly ansprechen würden, wäre mir das eine besondere Ehre. Und Sie brauchen vor mir wirklich keine Bange zu haben, ich bin doch schon über 100 Jahre tot. Begraben in London.
Nein, zu Lebzeiten bin ich niemals in dieser Stadt gewesen. Sie dachten sicher...jaja, weil die Stadt siebenunddreißig Jahre meinen Namen tragen musste...und weil das Denkmal errichtet wurde, dieser Riesenschädel, oder auch Nischel, wie die echten Sachsen sagen...jaja... Großes Ehrenwort - an diesen Dingen bin ich wahrhaftig völlig unschuldig. Über diese gigantische Nachbildung meines armen Kopfes bin ich oft genug selbst erschrocken. In meinen schlimmsten Alpträumen träumte mir, der Schädel würde mitternächtlich das Maul öffnen und Zitate speien über die schlafende Stadt.
Nein, mir gefällt der Schädel nicht.
Denken Sie dabei nicht, ich wäre besonders eitel - nein, nur stellen Sie sich bitte vor, man hätte Ihren Kopf in Bronze gegossen und zur Abschreckung gegen Ihre Philosophie aufgebaut ! Sie würden sich sicherlich auch vielmals bedanken.
Wie bitte ? Sie meinen, man hat den Kopf eigentlich zum Ruhme meiner Philosophie errichtet? Nicht zur Abschreckung ?
Nein, das kann nicht sein! Die Herren Genossen dieser SED haben doch stets mit aller Gewalt dafür gesorgt, dass meine theoretischen Schriften in der gesellschaftli-

chen Praxis keine Anwendung fanden. Die waren es doch, die aus meiner streitbaren Philosophie ein starres Dogma, ja, eine unanfechtbare Religion gemacht haben!

Nein, das kann ich nicht glauben - zum Ruhme meiner Philosophie...?!

Da hätten diejenigen, die meine Philosophie kastriert haben, mich ehren wollen? Pardon, es tut mir leid - das ist irre!

Und wenn Sie mich wirklich hätten ehren wollen, weshalb dann mit solch einem schrecklichen Schädel.

Wahrhaftig - ich hatte in meinem Leben viele schwere Stunden zu durchleben, aber derart griesgrämig habe ich selbst in den schwersten Stunden nicht dreingeblickt. Ganz bestimmt nicht.

Nein, nein - wenn mein Kopf ein Denkmal ist, dann nicht für mich und meine Philosophie. Dieses Denkmal entspricht mir nicht. Es entspricht wahrscheinlich im Gegenteil dem Größenwahn derer, die es errichtet haben.

So gesehen müsste man wünschen, der Schädel bleibt stehen; bleibt als Denkmal, als WARNmal für spätere Machthaber.

Wer mich ehren will, der soll sich mit meinen Gedanken kritisch auseinandersetzen; soll mich meinethalben vom Kopf auf die Füße stellen, wie ich es dereinst mit dem guten alten Hegel getan habe. Das wünschte ich mir.

Ja, ich wünschte mir, dass auf dem Fundament meiner Gedanken, weitergebaut wird.

Aber ich will Sie nicht weiter belästigen mit meinen

Problemen. Sie haben sicherlich noch viel zu tun heute.
Ach, Sie wollten sich heute mal etwas Zeit nehmen, um Chemnitz ein bisschen näher kennen zu lernen?
Ja, also - wenn ich mich Ihnen als Stadtführer zur Verfügung stellen dürfte...oder als Stadtbilderklärer, wie man in Fachkreisen sagt,...ich lustwandle seit damals, seit dem Tage, als man dieser Stadt meinen Namen gab, ruhelos wie ein Geist durch die Straßen und kenne mittlerweile sogar die Namen der Laternen.
Ja, sicher - auch Laternen haben Namen. Die da drüben, die moderne Peitschenleuchte heißt zum Beispiel Peggy. Ihre linke Nachbarin heißt Olivia. Die rechts Carmen...
Ja, wahrhaftig - von mir könnten Sie viele Dinge über Chemnitz erfahren. Also, abgemacht? Okay!
Begeben wir uns also zuerst dahin, wo die Stadt ihren Anfang nahm - auf den Schlossberg.

Schloßberg

Aus der Stadtchronik:" **Im Mittelalter dringen die deutschen Könige über die Saale nach Osten vor, unterwerfen das von Slawen bewohnte Land und reißen dabei auch den unbesiedelten Miriquidu an sich. Dieses große Urwaldgebiet, das das Erzgebirge und sein Vorland bedeckt, machen sie zur Randzone des Reichsterritoriums Pleißenland. Mit solchen Reichsgebieten - es gehört noch das Vogtland und das Egerland dazu - wollen sich die Könige ein Gegengewicht gegen die machthungrigen Fürsten schaffen. Da der Miriquidu für die Könige nur einen Wert hat, wenn sie dort Bauern ansetzen und den Handel mit Böhmen in die Hand bekommen, stiftet Lothar III. in den letzten Jahren seiner Regierungszeit (vermutlich 1136 oder 1137) im menschenleeren Urwald das Benediktinerkloster Chemnitz....**"(1)
Bloß gut, dass es immer wieder diese Historiker gibt, die nach unseren Spuren in der Vergangenheit forschen. Ohne zu wissen, was einmal war, kann man nicht erkennen, warum das Heute so ist wie es ist, und
kann auch nicht sehen, wo der Weg in die Zukunft verläuft. Davon bin ich überzeugt.
Und stellen Sie sich vor, was diese Benediktinermönche für mutige Leute gewesen sein müssen! Mitten in den wilden Miriquidu ausgesetzt - allein auf sich gestellt... ohne Frauen...stellen Sie sich vor!
Schön, sie hatten ihren Glauben an einen Gott, aber allein mit dem Glauben wären sie sicher nicht weit gekommen. Handwerkliches Geschick, Organisationstalent und Zielstrebigkeit müssen sie reichlich besessen

haben. Es waren Pioniere der Zivilisation - Vorreiter des Fortschritts. Charaktere wie Albert Schweizer vielleicht. Ich bewundere solche Menschen, die die Welt im wahren Sinne des Wortes verändern. Und bedenken Sie - es gab weder Telefon, noch konnte man das "know how" anderer Menschen aus der Fachpresse entnehmen:

"***In der anfänglichen Geschichte musste jede Erfindung täglich neu und in jeder Lokalität unabhängig gemacht werden.***"(2)

Ja, ich sitze gern hier oben an der Balustrade unter den mächtigen Kastanienbäumen. Der Blick über den Schlossteich hinüber zum Stadtkern ist sicherlich nicht eben sensationell, aber hübsch allemal. Die Skyline von Chemnitz !
Das herausragende, weil höchste Bauwerk, das ist das Schnarchsilo.

Schnarchsilo - so nennen die Chemnitzer das Bettenhaus vom Hotel Kongress, weil es aus purem Beton besteht - eben wie ein Silo. Jaja, der boshafte Volksmund ! Und dabei waren die Architekten dazumal so stolz: Endlich ein Bauwerk, welches nicht angeputzt und verkleidet werden muss, sondern welches die Herstellungstechnologie, also die Beton-Gleitbauweise offenbar macht! Das ist die wahre Architektur!
Es dürfte kaum ein zweites Gebäude in der Welt geben - abgesehen von Industriebauten - welches derart konsequent seine Ästhetik aus der Technologie schöpft.
Oja, die Architekten hatten schwere Kämpfe zu bestehen, um ihre funktionalistische Sicht gegen die Verfechter des so genannten "Sozialistischen Realismus" in der SED-Bezirksleitung durchzusetzen. Zuckerbäcker-Architektur hätte es leichter gehabt.
Und der Dank ?
Tja, Undank ist der Welten Lohn - die Chemnitzer hatten den gleichen Geschmack wie die Parteibonzen - man empfand das Betonmonument als Ausbund der Hässlichkeit.

***"Die Gedanken der herrschenden Klasse sind in jeder Epoche die herrschenden
Gedanken."*** (3)

Nunja, von hier oben, aus guter Entfernung sieht dieses Schnarchsilo eigentlich ganz attraktiv aus, oder?
Und die Gaststätte - "Miramar" - ..... ob

im Freien, oder im Innern - man isst und trinkt hier ganz hervorragend. Besonders das Kassler-Kotelett mit Knödel und Sauerkraut kann ich Ihnen auf das wärmste empfehlen. Dazu die freundliche Bedienung - schauen Sie doch nur... das nette Fräulein mit dem neckischen Hinterteil! Und dem offenen natürlichen Gesicht ! - und überhaupt, die gastfreundliche Atmosphäre ganz im Allgemeinen - die ist auch hier eine echte Errungenschaft der Rückkehr zur Marktwirtschaft.
Natürlich begrüße ich den Wiederaufbau marktwirtschaftlicher Strukturen!
Sie wundern sich?
Aber wieso - ich habe doch in meinen Werken stets betont, dass die Produktionsverhältnisse bestimmt sind, durch den Entwicklungsstand der Produktionskräfte.

"Mit der Erwerbung neuer Produktivkräfte verändern die Menschen ihre Produktionsweise....Die Handmühle ergibt eine Gesellschaft mit Feudalherren, die Dampfmühle eine Gesellschaft mit industriellen Kapitalisten."(4)

Diesen Zusammenhang mussten doch schon die Kinder in den Schulen auswendig hersagen können.
Jaja, Sie haben sicher recht - die Betonung liegt zweifelsohne bei "auswendig hersagen können" - was der Zusammenhang eigentlich bedeutet...- ach, Sie fragen mich das auch?
Nun, in Bezug auf die Gegenwart bedeutet er ganz einfach, dass es marktwirtschaftliche Verhältnisse geben

muss, weil es die Formen der handwerklichen und kleinindustriellen Produktion gibt. Diese Formen der Produktion bedürfen des Marktes zu ihrer Regulation und Stimulierung. So einfach ist dies.
Und alle die tausenden hochgelahrten Professoren und Doktoren der so genannten "marxistischen Philosophie" haben dies nicht begreifen wollen, oder dürfen, oder...na, jedenfalls haben sie sich für ihre Dummheit gut bezahlen lassen.
Oh, ich war schon zu meinen Zeiten nicht gut auf die bezahlten Philosophen zu sprechen; auf jene, die der herrschenden Politik zu Kreuze krochen, die sich als Mägde der Herrschenden verdingten; oder ihnen gar als deren Huren zu Füßen lagen.
Und mich haben sie zum Hampelmann gemacht. Wahrlich, ich hätte mit der Mistgabel dazwischen gehen mögen! Aber machen Sie mal was als Toter - gegen die Lebendigen! Man ist hilflos ausgeliefert.
Da können Sie auch andere fragen - von Goethe bis Mozart, von Einstein bis Picasso. Am besten wäre, man würde, wenn man tot ist, gar nicht wissen, was mit einem veranstaltet wird. Allein wenn ich an dieses Chemnitzer Schädel-Denkmal denke....! Grausam.
Kommen Sie, genehmigen wir uns ein Bierchen. Ich muss den Ärger hinunterspülen.
Zum Wohle !
Ja, das Cafe "Miramar" war vor dem 2.Weltkrieg übrigens wesentlich größer als heute. Der Name "Miramar" bedeutet soviel wie "Schau das Meer". Das ist natürlich in Hinsicht auf den Schlossteich, den man schauen

kann, die pure Übertreibung.

"Der Teich wird vom Pleißebach gespeist. "Daz waßer die Plysen", wie es im Jahre 1402 hieß, entspringt der Langenberger Höhe, nimmt zahlreiche kleine Seitenbäche auf, ist etwa 20 km lang und führt heute im Durchschnitt 1300 qm mehr oder weniger sauberes Wasser je Stunde dem Schlossteich zu..... Wenig kritisch berichten ältere Chroniken, dass der Schlossteich im Jahre 1493 durch den Abt Heinrich von Schleinitz angelegt wurde. Abt Heinrich gab höchstens den Befehl dazu, dann ging er in eben diesem Jahr mit seinem Kurfürsten Friedrich auf eine "Dienstreise" in das gelobte Land. In der Zwischenzeit schütteten die Untertanen der Klosterdörfer Tausende Kubikmeter Erdreich zu einem 800 m langen Damm auf."(5)

Oder sollte der Name "Miramar" auf die drei Meere abzielen, die man sehen kann? Tagsüber das Häusermeer , abends das Lichtermeer und nachts gar nichts mehr ? - Nunja, ein alter Witz, aber immer wieder gern gehört, was?

Ach - sehen Sie da drüben halblinks das kleine Hochhaus - ja, die Bezeichnung "Hochhaus" ist im Vergleich zu den Wolkenkratzern von Manhattan eine ebensolche Übertreibung wie den Schlossteich ein Meer zu nennen, doch als das Haus in den sechziger Jahren gebaut wurde, war es eine Sensation - acht Stockwerke! Acht !!! Hartnäckig ging während der Bauzeit das Gerücht um,

der Untergrund würde unter der Last des ungebührlich hohen Gebäudes nachgeben. Die Katastrophe wäre nur eine Frage der Zeit. Das Hochhaus werde unweigerlich umstürzen.
Und siehe - es steht immer noch!
Ungewohnte, neue Dinge und Ereignisse schrecken oft die unbedarften Menschen; die Menschen, die das Nachdenken über die Weltenläufte nicht gewöhnt sind. Sie leben dahin in dem Gefühl, die Welt wäre schon immer so gewesen, wie sie sie haben kennen gelernt; und sie werde auf ewig so bleiben. Jaja, das Leben begreifen beginnt wohl mit der Erkenntnis des griechischen Philosophen Heraklit - panta rhei - alles fließt.
Doch kehren wir zurück zu den Fakten.

kleines Hochhaus

Aus der Stadtchronik: "**Die Siedlungspolitik erhält erst zwischen 1158 und 1165 einen Aufschwung durch Friedrich Barbarossa. Jetzt erst, da das erforderliche bäuerliche Hinterland vorhanden ist, kann der Plan der Stadtgründung verwirklicht werden. Da Barbarossa 1165 auf dem Königssitz zu Altenburg weilt, um die Verwaltung im Reichsterritorium zu ordnen, hat er vermutlich bei dieser Gelegenheit den Auftrag für die Errichtung der Stadt Chemnitz gegeben.**"(6)

Ein Kloster allein macht noch keine Kulturlandschaft. Auch ein Kaiser nicht. Aber ohne jemanden, der die Dinge lenkt, geht es in der Geschichte und im Leben auch wieder nicht. Man braucht die Führer, die Chefs, die Leiter.
Aber wehe, wenn diese Geschichtslenker nur irgendwelche kleingeistigen Flohknacker sind, die durch Zufälle an das große Ruder kommen ......ich muss wohl keine Namen nennen?
Nein, Barbarossa gehört nicht zu den Flohknackern! Im Gegenteil. Und dass die Barbarossastraße wieder Barbarossastraße heißt, das geht sicherlich in Ordnung.
Interessant an der Stadtgründung sind nebenbei die Auswirkungen auf das Kloster.

"Dem Kloster gingen damit sein bisheriges Marktrecht und die damit verbundenen offensichtlich beachtlichen Einnahmen verloren. Aus vielerlei Anzei-

chen wird nun der Verfall des Klosters erkennbar. Die Bautätigkeit kam wahrscheinlich völlig zum Erliegen. Die Insassen des Klosters unterlagen dem sittlichen und moralischen Verfall, wie früheste schriftliche Quellen berichten...
Mit Unterstützung des Reiches und seines Dienstadels gelang es, den endgültigen Untergang zu verhindern
...Von nun an entwickelte sich das Kloster unaufhaltsam bis zur Mitte des 16.Jahrhunderts zur mächtigsten Territorialherrschaft in unserem Gebiet."(7)

Die Bilder von den zechenden Mönchen kennt man ja; auch die Anekdoten von den unterirdischen Gängen zu benachbarten Nonnenklöstern.
Was ich daran interessant finde? Nun , eben diesen Zusammenhang von Ökonomie und Moral !
Wenn die ökonomischen Verhältnisse beginnen zu schwanken, fallen die Mädchen bereits um. Und die Mönche erst recht.
Oder ist es vielleicht nur so, dass in ärmeren Zeiten kein Mittel und kein Wille bleibt, um die so genannte Unmoral, die immer existiert, übertünchen und unter feinen Kleidern verbergen zu können?
Leider ist es mir nicht vergönnt gewesen, theoretisch zu den moralisch-ethischen Fragen zu arbeiten, aber
es wäre wohl wichtig gewesen.

„Schloß und Kirch bei Kemnitz"
nach Adrian Zingg
um 1780

Kommen Sie, lassen Sie uns hinübergehen - dorthin, wo das Kloster in grauer Vorzeit errichtet wurde. Sie müssen allerdings diesen Schutzhelm aufsetzen, weil zurzeit alles eine einzige Baustelle ist.

"Im Zusammenhang mit den frühbürgerlichen revolutionären Umwälzungen in Deutschland wurde das Benediktinerkloster am 9.Februar 1541 aufgelöst. Damit ging das Kloster in kurfürstlichen Besitz über und wurde nach dem Jahre 1548 in ein Schloss umgebaut.....Im 30jährigen Krieg wurden die Gebäude mehrmals sowohl von kaiserlichen als auch von schwedischen Truppen geplündert.....Erst 1885 wurden die noch erhalten gebliebenen Gebäude durch die Stadt Chemnitz käuflich vom Land Sachsen erworben....Am 5.Februar 1931 konnte das Stadtgeschichtliche Museum eröffnet werden...."

- genießen Sie bitte den folgenden, letzten Satz der Einleitung zum Museumsführer von Herrn Röber aus dem Jahre 1975 mit besonderer Andacht ! -

"....Dank der Unterstützung unseres sozialistischen Arbeiter- und Bauernstaates entwickelte sich das Schlossberg-Museum immer mehr zu einer sozialistischen Bildungsstätte, die ein umfangreiches Wissen auf der Grundlage unserer marxistisch-leninistischen Weltanschauung vermittelt."(8)

Wer konnte einen gebildeten Menschen, der so sach-

und kunstverständig über das Museum Auskunft zu erteilen weiß, wer konnte den Herrn Röber wohl gezwungen haben, solchen Unsinn zu schreiben?
Sie meinen, er tat es nur deshalb, weil es üblich war? Weil selbst jede Hustensaft-Gebrauchsanweisung ein rotes Schwänzchen bekam? Weil es die Partei so wollte?

Nein, ich glaube eher, er tat es - wie so Vieles, was getan wurde - in vorauseilendem Gehorsam. Um sich hervorzutun. Um sich einzuschmeicheln. In Erwartung höheren Lobes.
Gut, wenn Ihnen das Thema nicht gefällt... - lassen wir `s!

Schauen Sie da rechts - dort am Bauzaun!

"Bayosan - sympathisch renovieren, intelligent sanieren, eindruckvoll bauen !" (9)

- was sagen Sie zu diesem Text?
Waren die Losungen, die an den Bauzäunen des realen Sozialismus und anderswo hingen, nicht von ähnlicher Überzeugungskraft, nur noch idiotischer? Zum Beispiel der Spruch: Der Marxismus ist allmächtig, weil er wahr ist! Ja, der hing auch an Bauzäunen, und Universitäten, und auf Toiletten, und....
Schwamm drüber! Dieser kapitalistische Bauzaun jedenfalls hier an der Klosterbaustelle...wie auch die anderen Bauzäune in der Stadt...dazu das Baumaterial - sauber gestapelt, in Plaste verpackt, wie aus der Kaufhalle....die allgemeine Ordnung....die soliden und ar-

beitsschutzgerechten Gerüste ...- alles das beeindruckt mich erheblich. Es ist eine Augenweide!
Können Sie mir verraten, wieso ein Sozialismus mit solcher Ordnung eigentlich undenkbar sein soll? Ich wäre zu Lebzeiten nie auf den Gedanken gekommen, dass Sozialismus und Schlamperei irgendwie zusammengehören könnten!
Ja, Sie haben Recht - das Bauwesen hat mich schon immer stark interessiert. In den Baustellen spiegelt sich mir die Organisationsqualität des gesamten Gemeinwesens. In den Bauten spiegelt sich die Zeit.
Schauen Sie doch bloß diesen Kirchenbau - die Schlosskirche! Ist sie nicht irgendwie kantig, vierschrötig, klobig?

"Die Schlosskirche, 1499 bis 1525 auf den Grundmauern des ursprünglichen, spätromanischen Baues errichtet, ist eine lichte dreischiffige Hallenkirche und vermutlich nach dem Vorbild der Annenkirche in Annaberg entstanden. Sie hatte ursprünglich nur einen Dachreiter. Der 1897 aufgesetzte stilwidrige hohe Turm wurde 1945 durch Fliegerbomben beschädigt und musste abgetragen werden. Der jetzige Turm entspricht dem Charakter der Kirche." (10)

Schloßkirche

Mir scheint sie wenig himmelstrebend, nicht so überirdisch wie beispielsweise der Kölner Dom. Ich finde, diese Kirche verweist auf die Erde; auf die Steine, aus der sie gefügt wurde. Bodenständig, diesseitig.
Und sehen Sie an den Wänden - dort und dort - diese Zeichen - dreifingerhoch -, die da in den Stein gemeißelt sind? Ja, genau - wie chinesische Schriftzeichen. Das sind Steinmetzinsignien. Die Namen der Meister weiß man nicht, aber ihre Zeichen überdauern die Jahrhunderte. Die gleichen Zeichen wie hier sollen in Naumburg und in Meißen wieder zu finden sein. Auch in Prag, sagt man.
Ist es nicht schön, wenn man der Nachwelt solche Spuren hinterlassen kann?
Bauwerke sind jedenfalls günstiger als philosophische Gebäude, die lassen sich nicht in ihr Gegenteil auslegen und uminterpretieren. Ich hätte wohl auch besser steinerne Gebäude bauen sollen. Aber dahingestellt.
Der nördliche Eingang zum Kirchenschiff war bis vor wenigen Jahren von einem herrlichen Portal geschmückt. Zwei Meister waren an dem Kunstwerk beteiligt: Hans Witten und Franz Maidburg. Die beiden waren gefragte Leute in deutschen Landen.

"Eine Triumpfpforte aus in Stein nachgeahmten geschälten Baumstämmen steigt über der schmalen Pforte empor. In dieses malerisch-naturalistische, von phantastischen Vögeln und anderem Getier belebte Gerüst sind zuunterst eingestellt die Stifter des Klosters Kaiser Lothar und Kaiserin Richenza; dar-

über zu Seiten Mariä, der auf der Mondsichel stehenden Himmelskönigin, die Statuen der im Kloster besonders verehrten Heiligen , noch höher Gottvater auf dem Thron...und um ihn herum musizierende Engel." (11)

musizierender Engel
am Nordportal

Im Jahr 1973 wurde das Portal, um es vor weiterer Zerstörung durch Wind, Wetter und Industriemief zu schützen, in das Innere der Kirche verlegt. Im konkreten Fall sicher ein kluger Akt der Denkmalpflege - aber stellen Sie sich vor, man wöllte dem weltweiten Problem der Zerstörung von Kunstwerken durch aggressive Industrielüfte auf diese Art zu Leibe rücken! Was außen war, wird nach innen gebracht. Baudenkmäler werden gewendet. Nein, das kann nicht im Sinne der Erfinder sein. Was nützt einer Frau der schönste und teuerste Schmuck, wenn sie ihn nur unterm Kleid tragen kann?

Im Inneren der Kirche sind übrigens weitere bedeutende Kunstwerke vorhanden. Auch die Klostergebäude werden nach Beendigung der Renovierung einen Besuch lohnen. Wir sollten es aber erstmal hier damit bewenden lassen. Schließlich haben wir für unseren Stadtbummel nur den heutigen Tag eingeplant.

Kommen Sie, wir gehen den Schlossberg hinunter, wo wir unten am wohl ältesten Wohnhaus von Chemnitz, einem Fachwerkbau aus dem 17. Jahrhundert, vorbeikommen und dann...

Wie bitte ? Ach, dieser schroffe, unbehauene Felsbrocken da drüben auf dem Kirchenvorplatz interessiert Sie noch? Was die Jahreszahlen " 1517 - 1917 " bedeuten sollen?

Tja, da bin ich auch schon oft ins Grübeln gekommen. Für das Jahr 1517 verzeichnet meine kleine Stadtchronik kein Ereignis für Chemnitz. Und bei der Jahreszahl 1917 fällt mir fatalerweise zuerst die Oktoberrevolution in Russland ein, jenes Ganovenstück der jüngeren Welt-

geschichte.
Ja, ich sage "Ganovenstück", und sage das mit vollstem Ernst. Nach meiner Überzeugung konnte schließlich die proletarische Revolution nur in einem der kapitalistisch höchstentwickelten Länder beginnen und hätte dann zwangsläufig zur Weltrevolution werden müssen. Was diese Russen da vom Zaune gebrochen haben, das war nicht die große Revolution, die zum Kommunismus führen würde, das war eine simple Meuterei; ein Aufstand der geknechteten Seelen. Der Revolution fehlte die ökonomische Reife.
Und dieser Lenin...
Schön, wenn Sie sagen, ich hätte mit meinen Prognosen auch ganz schön danebengelegen, dann mag das stimmen - was den zeitlichen Rahmen betrifft, den ich im Auge hatte. Ich dachte, es geht alles viel schneller. Was aber die ökonomischen Voraussetzungen betrifft, die ich genannt habe, damit der Übergang zum Kommunismus möglich wird...- gut, wir wollen uns jetzt nicht über meine Weltrevolution streiten. Aber sie wird kommen. Oder es kommt das Ende.
Nein, bitte - entschuldigen Sie! Bleiben wir Optimisten! Und ich weiß natürlich auch, woran der schroffe Stein mit seinen Jahreszahlen erinnern soll. Der Stein wurde anlässlich des 400.Jahrestages des Beginns der Reformation aufgestellt. 1517 nagelte doch Luther seine 95 Thesen an die Tür der Schlosskirche zu Wittenberg.
Ja, mit 95 Thesen begann die Reformation und breitete sich über ganz Europa aus. Aber gleichlaufend kam es zur Gegenreformation, zur Sammlung der reaktionären

Kräfte. Und in vielen Ländern, auch in deutschen Ländern, erlitt die Reformation eine Niederlage. Denken Sie nur an das katholische Bayern!
Trotzdem - die Reformation war historisch an der Tagesordnung und hat die christliche Welt verändert. Selbst Bayern. Und heute ist die Ablösung des Monopolismus an der Tagesordnung. Es wird der Tag kommen...- pardon, beinahe hätte ich schon wieder eine Prognose gewagt. In dieser Beziehung bin ich wirklich unverbesserlich - wie alle Denker!

"Die Theorie wird immer nur soweit verwirklicht, als sie die Verwirklichung der Bedürfnisse ist.....Es genügt nicht, dass der Gedanke zur Verwirklichung drängt, die Wirklichkeit muss sich selbst zum Gedanken drängen." (12)

Kellerhaus
am Schloßberg

Jetzt stehen wir also vor dem ältesten, erhalten gebliebenen Haus von Chemnitz. Es war über hundert Jahre eine Gaststätte. Als ich vor einigen Jahren hier vorbeikam, glaubte ich, es wäre nun eine Geisterstätte geworden.
Stellen Sie sich vor: Ich stand hier auf dem Weg und die Fenster zum Gastraum waren der Hitze wegen weit geöffnet. Drinnen sah ich die Gäste in ausgelassendster Stimmung miteinander gestenreich diskutieren, streiten, lachen, aber ich hörte nichts. Eine absolute Stille.
Ich rüttelte mir im Ohr, ich kniff mir in den Arm... bis mir endlich das Schild neben dem Eingang ins Auge fiel:
Klub des Allgemeinen Deutschen Gehörgeschädigten-Verbandes.
Ich war erleichtert. Alles hatte also seine Ordnung und materielle Erklärung. Ja, gegen Übersinnliches bin ich allergisch. Erst recht gegen Unsinn.
Und was für ein Unsinn, dass diese alte Bausubstanz derart vernachlässigt wurde. Aber das war ja allüberall in diesem Land so üblich - mangels Einfälle ließ man einfallen. Nein, es war nicht nur eine Frage des Geldes und des fehlenden Materials.
Sie sagen es - für bestimmte Dinge war stets genug Geld und Material vorhanden. Jaja, denken Sie bloß an meinen riesenhaften Bronzeschädel!
Da drüben, das Gebäude mit der rötlichen Natursteinfassade, das war früher Poliklinik und Sitz der Sozialversicherung. Können Sie mir erklären, warum unbe-

dingt alle vorhandenen Kranken- und Sozialversicherungen, die es im Westen gab, das hiesige Sozialversicherungssystem ablösen mussten?
Sie meinen, weil alles abgelöst werden muss, was mal in der DDR gemacht wurde - egal ob gut, ob schlecht...jaja, Sie haben da wohl leider Recht. Ich bin oft an den Spruch erinnert, wenn ich mich so umsehe, der da von dem Kinde spricht, welches man mit dem Bade auskippt.
So, nun lassen Sie uns straffen Schrittes am Ufer des Schlossteiches entlang Richtung Kaßberg gehen.

Was sagen Sie zu einer kleinen Verschnaufpause?
Gut, nehmen wir die Parkbank dort, die scheint der Zerstörungswut der Jugend bisher entgangen zu sein.
Allerdings - wenn Sie das etwas trösten kann -, nicht nur in der heutigen Jugend gibt es solche extremen Typen, die ihre Wut und ihre Ohnmacht an Parkbänken abreagieren; auch zu meiner Zeit, wie zu allen Zeiten, gab es unter den Jugendlichen die Braven , die normal Oppositionellen und die Radikalen - teils nach rechts, teils nach links ausufernd.
Schade, dass man deren überschüssige Energien nicht in sinnvolle Bahnen lenken kann. Parkbänke und Ausländer, ein Jammer !
Da haben Sie allerdings Recht - meist sind es die männlichen Exemplare, die sich besonders hervortun.
Sie meinen, ein festes Mädchen könnte die jungen Hähne ablenken und auf andere Gedanken bringen? Man sollte vielleicht den Rowdys weniger mit Gefängnis und

Bestrafung drohen, als ihnen vielmehr eine Frau vermitteln?
Nunja, als flankierende Maßnahme - vielleicht kein übler Gedanke !

"Aber die Liebe, nicht zum Feuerbachschen Menschen, nicht zum Moleschottschen Stoffwechsel, nicht zum Proletariat, sondern die Liebe zum Liebchen ...macht den Mann...zum Mann."(13)

Nun, der Park hier, der gehört auch noch zu den Anlagen des Schlossteiches. Allerdings ist er erst später entstanden. Bis zum Jahre 1930 standen hier auf dem Gelände zwischen Schlossteich und Kaßberg die Gebäude der Hartmannschen "Sächsischen Maschinenfabrik". Das war ein, für die damalige Zeit, gigantisches Unternehmen. 5600 Beschäftigte in Chemnitz. Das heutige Polizeipräsidium war das Verwaltungsgebäude. Produziert wurden hauptsächlich Lokomotiven, Werkzeugmaschinen, Spinnereimaschinen.
Wahrhaftig, dieser Richard Hartmann, der 1812 als Wandergeselle mit 2 Talern in der Tasche nach Chemnitz kam, muss ein Genie gewesen sein, ein Tatmensch, Renaissancetyp, ein cleverer Bursche.

Pardon - gestatten, dass ich mich vorstelle: Richard Hartmann.
Sie wollen verzeihen, wenn ich mich an dieser Stelle einfach einmische, aber offen gesagt, ich verstehe diesen Marx ganz und gar nicht. Sprach er doch soeben in einem Tone der Anerkennung über mich und meine Leistungen als Unternehmer. Wie geht solcherart Anerkennung konform mit seinen wütenden Ausfällen gegen mich und meinesgleichen?
Hat er uns Unternehmer nicht stets als blutsaugende und kinderfressende Ekelpakete dargestellt?
Als faule Parasiten ?!
Ach, wissen Sie, diese läppische Entschuldigung, die er sich im Vorwort zu seinem "Kapital" abgerungen hat,

die kenne ich:

"Zur Vermeidung möglicher Missverständnisse ein Wort. Die Gestalten von Kapitalisten und Grundeigentümern zeichne ich keineswegs in rosigem Licht. Aber es handelt sich hier um die Personen nur, soweit sie die Personifikation ökonomischer Kategorien sind, Träger von bestimmten Klassenverhältnissen und Interessen."(41)

Was ändert diese Bemerkung an der grundsätzlichen Fehleinschätzung der Wertigkeit und Bedeutung des Tuns von uns Unternehmern?
Nein, nein - ein entscheidender Fehler seiner gesamten Theorie besteht genau darin! Nämlich darin, dass er unsere Rolle im Produktionsprozess nicht durchschaut hat. Wir haben nicht nur Geld gescheffelt und schmarotzt - wir waren Hirn und Seele unserer Unternehmen. Wir waren Erfinder, Konstrukteure, Finanzexperten und Manager in einer Person. Wir waren Pioniere des gesellschaftlichen Fortschrittes!!!
So, das wollte ich schon lange mal gesagt haben! Jetzt ist mir wieder leichter.
Ansonsten ? Was ich sonst von diesem Marx halte...?
Nunja, er ist zweifelsohne ein heller Kopf, ein Philosoph reinsten Wassers. Und als solcher hat er durchaus das Recht, sich geirrt zu haben. Die, die den Irrtum übertünchen wollten, denen sollte die Verachtung gelten.
Tja, und bezüglich seines Denkmalkopfes...?

Wissen Sie, ich habe Angst, dass die neuen Machthaber, die auf der Suche nach neuen Vorbildern sind, im Überschwang der Rekapitalisierung mir ein ebensolches schreckliches Denkmal setzen könnten, wie ihm eines gesetzt wurde. Bitte drücken Sie mir die Daumen, dass mir solch hartes Schicksal erspart bleibe.
Es freut mich, Sie kennen gelernt zu haben. Ich ziehe mich nun wieder zurück. Viel Spaß noch bei Ihrem Stadtbummel mit dem armen Doktor Marx. Auf Wiedersehn !

Sagen Sie, hören Sie mir eigentlich noch zu?
Ach, Sie waren durch ein Gespräch mit Herrn Hartmann etwas abgelenkt - soso! Hat er sich wieder über mich beschwert? Jaja, das dachte ich mir.
Nun, jedenfalls - den Beinamen "Sächsisches Manchester" verdankte Chemnitz in hohem Maße diesem Richard Hartmann und seinem Unternehmen. Und ebenso waren seine Fabriken am Spitznamen nicht unbeteiligt, den die Stadt trug - "Rußchemnitz", oder "Rußkamz" wie die in der Umgebung wohnenden Erzgebirgler sagen.
Wer viel konsumieren will, der muss viel produzieren - und wo viel produziert wird, braucht man viel Energie - und Energie gewinnt der Mensch vornehmlich durch das Verbrennen von fossilem Brennmaterial. Und wo verbrannt wird, entstehen Rauch und Ruß und Asche und giftige Gase und...jaja, der beste Umweltschutz wäre Konsumverzicht. Aber verzichten will ja keiner auf etwas - damals nicht, heute nicht, und morgen...?

Im Kapital habe ich geschrieben:
"Vom Standpunkt einer höheren ökonomischen Gesellschaftsformation wird das Privateigentum einzelner Individuen am Erdball ganz so abgeschmackt erscheinen, wie das Privateigentum eines Menschen an einem anderen Menschen.
Selbst eine ganze Gesellschaft, Nation, ja alle gleichzeitigen Gesellschaften zusammengenommen, sind nicht Eigentümer der Erde. Sie sind nur ihre Besitzer, ihre Nutznießer, und haben sie als boni patres familias (gute Familienväter) den nachfolgenden Generationen verbessert zu hinterlassen."(14)

Ich war ein Träumer. Zurück auf den Boden der Tatsachen.
Die hartmannschen Fabrikgebäude wurden abgerissen, weil das Unternehmen infolge der Weltwirtschaftskrise bankrott machte.
Oja, diese ewigen zyklischen Wirtschaftskrisen, die schienen mir deutliche Zeichen der Agonie des kapitalistischen Systems zu sein. Dass sich diese halbe Leiche noch mal so erholen könnte...- wer hätte das gedacht?!
Sie sollten aber bitte bedenken - ich kannte zu meiner Zeit, und konnte zu meiner Zeit ja auch nur den damals vorhandenen brutalen Kapitalismus kennen. Auf die Idee, dass das System des Kapitalismus auch mit sozialistischen Bestandteilen funktionieren könnte, darauf konnte ich nicht kommen. Wirklich nicht !
Fast alle Prognosen, die Menschen bisher für Zukünftiges aufgestellt haben, besonders die ernsthafteren Prog-

nosen, sind niemals wahr geworden.
Erstens kommt es anders, und zweitens als man denkt.
Die Geschichte läuft nicht nach den Regeln der Logik.
Ja, ich sprach soeben von "sozialistischen Bestandteilen " im modernen Kapitalismus!
Was sind denn Mitbestimmung, Demokratie, Betriebsräte, Kündigungsschutz, Sozialhilfe und was der Dinge mehr sind, was sind das anderes, als Bestandteile eines Sozialismus, der funktionieren könnte?
Und es sind Bestandteile im Kapitalismus, die sich nicht zuletzt durch die zeitweilige Existenz pseudosozialistischer Staaten etablieren konnten.
Damit will ich natürlich nicht die Erfolge des Kampfes der Arbeiter und Studenten in den modernen westlichen Staaten schmälern, aber es gab Zeiten, da war der Sozialismus die Hoffnung der gesamten progressiven Menschheit, besonders der kritischen Intelligenz. Wer konnte ahnen, dass sich der Sozialismus derart in sein Gegenteil verkehren könnte? Das was mir vorschwebte........
"An die Stelle der alten bürgerlichen Gesellschaft mit ihren Klassen und Klassengegensätzen tritt eine Assoziation, worin die freie Entwicklung eines jeden die Bedingung für die freie Entwicklung aller ist." (15)

Lassen wir das.
Hier, dieser Teil des Schlossteich-Parkes hat einen Hauch von Sanssouci, oder Versailles. Jedenfalls ist die Anlage des Parkes ein bisschen französisch, während die übrigen Parkteile doch eher englischen Parkanlagen

gleichen. Und natürlich dürfen in einem an-französelten Park springende Brunnen und sinnige Statuen nicht fehlen. Und sie fehlen ja auch nicht.

Interessant übrigens - die überlebensgroße Figurengruppe, die die vier Tageszeiten darstellen soll, erhielt Chemnitz im Jahr 1898 als Geschenk aus Dresden.

In Dresden hatten die Figuren von 1872 bis 1897 den Treppenaufgang zur Brühlschen Terrasse geschmückt. Hier im Park wurde die Figurengruppe aber erst nach 1930 aufgestellt. Zwischenzeitlich hatten sie die Freitreppe am heutigen Theaterplatz geschmückt.

Warum die Dresdner so großzügig waren?

Tja, es gab doch zwischen den drei großen sächsischen Städten folgende Arbeitsteilung - in Dresden wurde gelebt, in Leipzig gehandelt und in Chemnitz wurde gearbeitet. Vielleicht hat sich Dresden einfach ein bisschen dafür revanchieren wollen, dass es dank Chemnitz kein Ruß-Dresden werden musste?

Jedenfalls hätte das ein ehrenhaftes Motiv sein können. Sicherlich war es aber viel simpler - die Figuren werden irgendwem irgendwie im Wege gewesen sein. Und weil sie keiner kaufen wollte...

Nun, sei es wie es sei - jedenfalls sind die vier "Tageszeiten" aus Postelwitzer Sandstein und gefallen mir - besonders im Vergleich zu solchen modernen Schöpfungen, bei denen man nie genau weiß, ob man vor einem Kunstwerk oder den Überresten eines undefinierbaren Zerstörungsaktes steht - ganz gut.

"Dargestellt sind "Der Morgen" (eine Frau mit dem

Morgenstern im Haar, von 2 Mädchen begleitet), "Der Mittag" (ein Mann mit einem Strahlenkranz um das Haupt, von 2 Jünglingen umgeben), "Der Abend" als bacchantische Männergestalt, flankiert von einem musizierenden und einem tanzenden Mädchen, und "Die Nacht" als sitzende Frau mit Morpheus und einem schlummernden Knaben als Assistenzfiguren."(16)

Ich frage mich nur, wie wohl ein moderner Künstler die vier Tageszeiten symbolisieren würde?
Sicher wohl kaum so sittsam, so voller Harmonie, so voller Symbole, die auf hohe Ideale verweisen, denn wenn man die Tage dieser heutigen Welt betrachtet - Krieg überall, Gewalt in allen Bereichen des Lebens, Kriminalität, Käuflichkeit ...- womöglich kann man als heutiger Künstler nur noch Zerstörungsakte schaffen?
Und wie gefallen Ihnen überhaupt die Figurengruppen?
Was, Sie stehen mehr auf Gartenzwerge?
Das ist doch nicht...Sie wollen mich veräppeln?!
Nein - Sie mögen wirklich Gartenzwerge?
Das ist ein Ding. Hm.
Wobei - ich will gerne zugeben, dass diese bunten Gesellen in einen Schrebergarten besser hineinpassen als ein Swimming-pool, aber eigentlich...ehrlich gesagt...Gartenzwerge sind Kitsch.
Ach, Sie mögen Kitsch? Soso.
Deshalb gefällt Ihnen auch die Figurengruppe? - Das ist ein provokantes Urteil!

Und was sagen Sie zu dieser Statue da drüben?

Der Heimatführer sagt:
"Inmitten eines Rosengeviertes dieses Teils des Parkgeländes steht ein anderes Kleinod der Plastik, die 1937 von Richard Scheibe geschaffene Skulptur "Morgenröte". Die dargestellte , soeben erwachende junge Frau kündet mit der Rechten ihr Sich-Erheben an, Gesicht und Oberkörper jedoch spiegeln noch den Ausdruck nachdenklichen Verharrens im Halbdämmer fliehenden Schlafes." (17)

- "...spiegeln den Ausdruck nachdenklichen Verharrens im Halbdämmer fliehenden Schlafes "- Junge, Junge, da könnten glatt Schiller und Goethe vor Neid erbleichen.
Aber wie ist Ihre Meinung zur "Morgenröte"?
Netter Käfer! - sagen Sie? Hm. - den Sie nicht vom Sofa schubsen würden ? - Hm.
Vielleicht haben Sie damit den Nagel auf den Kopf getroffen.
Jedenfalls, wenn Kunst schon Kunst ist, dann ist wahrscheinlich Kunstbeschreibung die schwierigere Kunst.

Lassen Sie uns nun mit dem Aufstieg auf den Kaßberg beginnen. Anseilen brauchen wir uns nicht, Sauerstoffgeräte sind auch nicht vonnöten. Aber es geht immerhin wahrhaftig leicht bergan.

"Vor der Mitte des 19.Jahrhunderts war der Kaßberg - zuerst "undir deme kafsberge, an deme kaefsperge" 1402 urkundlich erwähnt - noch von Feldern bedeckt; nach 1850 entstanden auf der der

Stadt zugewandten Seite die ersten Gärten Chemnitzer Bürger. Der Kaßberg hatte in der Vergangen auch militär-strategische Bedeutung: So wurde im Dreißigjährigen Krieg von seinen Höhen die Stadt mit Kanonen beschossen. Am Fuße des Kaßberges existieren seit der Zeit des Frühkapitalismus Bergkeller...die mit der Brauerei der starkgehopften schweren Lagerbiere entstanden sind."(18)

Rechter Hand haben wir das ehemalige Pionierhaus, welches ehemals den Namen des ersten Menschen, der im Weltall war, trug: Juri Gagarin!

Pionierhaus mit
Hartmannschen Villa

Ob dieser Gagarin wirklich im Weltall war, das soll gar nicht mehr so sicher sein? Das wäre alles nur inszeniert gewesen, um den Amerikanern den Rang abzulaufen?
Nein, also das dürften denn nun doch Gerüchte sein. Gerüchte, die ihren Nährboden darin finden, dass sich das gesamte sozialistische System durch Lug und Trug und Schaumschlägerei unglaubwürdig gemacht hatte.
Man kann doch heutzutage Leistung des Sozialismus in Zweifel ziehen und wird genügend Leute finden, die einem glauben.
Nein, nein - der Gagarin war bestimmt im Weltall! Obwohl - ich gebe zu - die Hand würde ich dafür allerdings auch nicht mehr ins Feuer legen.
Sie meinen, ich müsste das wissen, weil ich schließlich ein Jenseitiger bin? Oh, das Jenseits befindet sich nicht im Himmel, oder im All, wie man schlechthin glaubt. Himmel und All gehören noch zum Diesseits. Das Jenseits liegt außerhalb des Diesseitigen. Sie verstehen?!
Aber weil wir gerade das Thema Weltraumfahrt streifen - was ich nie für möglich gehalten hätte, das ist der Fakt, dass sich wissenschaftliche Errungenschaften und Erkenntnisse, die in einem sozialistischen Land erzielt, nicht auf alle Bereiche der Wirtschaft übertragen wurden.

Ich meine, die Sowjets haben doch die gesamte Weltraum- und Militärtechnik wie auf einer Insel entwickelt. Computer, Kommunikationssysteme, mikroelektronische Spitzenleistungen - und ringsumher im weiten Land war Mittelalter, bestenfalls Frühkapitalismus.

Sie kennen doch sicher die berühmten Rechenmaschinen der russischen Verkäuferinnen - diese Rechenhilfen für Schulanfänger! Fünf Kügelchen nach rechts, vier nach links - macht sieben Rubel und fünf Kopeken.
Ja, unglaublich - so wollte man den Kapitalismus ökonomisch einholen, und überholen. Lächerlich.

"Nicht was gemacht wird, sondern wie, mit welchen Arbeitsmitteln etwas gemacht wird, unterscheidet die ökonomischen Epochen."(19)

Der Sozialismus hat die zweite industrielle Revolution, die mit der Mikroelektronik einsetzte, glatt verschlafen. Dabei muss man ehrlicherweise sagen, dass man hierzulande wenigstens irgendwann begriffen hatte, welche ökonomische Bedeutung die Mikroelektronik besitzt, aber man war hilflos. Die winzige DDR, die man auf einem Globus kaum finden kann, war einerseits zu schwach und andererseits - mit erlogenen und erstunkenen Erfolgen war auch kein Boden gutzumachen. Sie erinnern sich noch an die feierliche Übergabe des ersten Tausend-Megabit-Chip, den es noch gar nicht gab, an diesen Honecker?
Oja, das war eine hervorragende Komödie. Oder sagen wir besser - Farce!
Im Pionierhaus gab es seit Mitte der achtziger Jahre Zirkel, die sich mit der Elektronik beschäftigten - Zirkel "Junger Elektroniker" oder ähnlich. Wie gesagt, den Trend hatte man erkannt, aber es fehlten die Mittel. Und dieser Schalk-Golotkowski konnte bei aller Cleverness

nicht soviel elektronische Hardware ins Land schmuggeln, wie man gebraucht hätte, um einigermaßen mithalten zu können. Die Pioniere konnten da, trotz aller Begeisterung, nichts retten.

"Das an der Kaßbergstraße, unter Einbeziehung der ehemaligen Hartmannschen Villa, errichtete Pionierhaus "Juri Gagarin" enthält auch ein Pioniertheater, das 1973 über 19000 Anrechte vergab. Interessierte Schüler werden beispielsweise in einem Mathematikzentrum des Pionierhauses von erfahrenen Lehrern, Studenten und Mitarbeitern der Technischen Hochschule Karl-Marx-Stadt angeleitet."(20)

Das Pionierhaus, eigentlich bestehend eben aus dem schlossartigen Neubau und der alten Hartmann-Villa, ist irgendwie kennzeichnend für den Zeitgeist Ende der fünfziger Jahre: Paläste für das Volk!
Ja, wenn etwas als bewahrenswert bezeichnet werden kann, von den Dingen, die in der ehemaligen DDR entstanden sind, dann gehört das Pionierhaus mit seinen Inhalten dazu.
Ach nein - das parteipolitische Moment ist zu vernachlässigen. Im Vordergrund standen immer die sachlichen Inhalte, die sinnvolle Beschäftigung der Kinder in der Freizeit. Überhaupt die ganzen staatlich gestützten Freizeitangebote - vom Volkskunstzirkel bis zum Arbeitskreis für Heimatgeschichte, vom Pionierhaus bis zum Veteranenklub, und die Jugendklubs...- das waren zweifelsohne Momente eines echten Sozialismus.

Ich weine dem SED-System keine Träne nach, aber es wäre vielleicht ganz gut, dies und jenes zu bewahren. Ich meine - wenn man das Kind schon mit dem Bade ausschütten muss, dann kann man doch trotzdem prüfen, ob die Wanne nicht verwendbar ist, womöglich. Schauen Sie zum Beispiel, wie das nach der napoleonischen Fremdherrschaft in Deutschland war: Napoleon hatte die moderne bürgerliche Ordnung samt dem bürgerlichen Gesetzbuch mit Gewalt und Blut ins feudalreaktionäre Deutschland eingeschleppt, wo es einige Jahre positiv wirken konnte. Als ab 1815, nachdem Napoleon geschlagen war, die alten "Teutschen Zustände" wieder hergestellt werden sollten, ist dies nicht in vollem Umfang gelungen. Alte Zustände sind in der menschlichen Geschichte nicht reproduzierbar - damals nicht, heute nicht, niemals nicht. Bestimmte progressive Momente und Ideen der damals fortschrittlichen bürgerlichen Gesellschaft hatten einfach längst im Leben Fuß gefaßt.
Analog ist es heute. Denken Sie doch nur an den grünen Pfeil!

Die Stadtchronik berichtet: **"Hemmend auf eine fortschrittliche Entwicklung wirken sich neben den Kriegswirren die deutsche Kleinstaaterei und die Beibehaltung der feudalen Einrichtungen aus. Die nach 1815 einsetzende Restaurationsperiode geht erst zu Ende, als 1830 die Pariser Julirevolution in den großen Städten Sachsens Unruhen auslöst.....Nun erhebt die Bürgerschaft ...liberale Forde-**

rungen. Erst jetzt erhält Sachsen eine Verfassung. Der Ständestaat wird in eine konstitutionelle Monarchie umgewandelt."(21)

Den Kaßberg kann man übrigens ohne Übertreibung als das Symbol für den wirtschaftlichen Aufstieg von Chemnitz zur kapitalistischen Industriegroßstadt bezeichnen.

Der große Aufschwung setzt ein mit der Dampfmaschine um 1850. Das erste Haus auf dem Kaßberg, oder Katzberg, wie der Berg ursprünglich hieß, wurde 1857 erbaut. Der Lehrer Stahlknecht war der Bauherr. Sein Leitspruch soll gelautet haben: Ich hab's gewagt!

Worin das Wagnis bestanden haben mag, ist nicht überliefert, aber jedenfalls wurde nach und nach der ganze Kaßberg zum Wohnviertel für die höheren Beamten und Geschäftsleute. Die protzigen, oft reich geschmückten Fassaden der überwiegend 4 bis 5 geschossigen Häuser künden vom Anspruch auf Darstellung von Wohlstand. Man hatte damals noch keine Automobile, durch die man zeigen konnte, wer man in Wirklichkeit ist.

Der Drang zum eigenen Häuschen am Rande der Stadt setzte erst später ein. Zu Beginn des Aufschwunges, in den so genannten Gründerjahren, da wollte man auf Tuchfühlung bleiben.

Lokomotive „Glückauf" – 1. Dampflokomotive der Hartmannschen Fabrik

"1852 - Die Eisenbahnlinie Chemnitz-Riesa verbindet die Industriestadt mit dem Elbhafen und der Linie Leipzig-Dresden. Der Maschinenbau rüstet nicht nur die heimische Textilindustrie aus, sondern exportiert immer mehr und bessere Erzeugnisse. Schon 1856 liefert Schönherr seinen 1000. mechanischen Webstuhl, zwei Jahre später liefert Hartmann seine 100. Lokomotive.
1859 - Am Schillerplatz wird die riesige Aktienspinnerei mit 60000 Spindeln in Betrieb genommen.
1862 - Auf der Weltausstellung in London erhalten Chemnitzer Werkzeugmaschinen von Zimmermann die erste Goldmedaille."(22)

So, nun sind wir mittlerweile mittendrin im Stasi-Viertel.
Zwischen Henriettenstraße und Weststraße war das Hauptquartier des so genannten "VEB Horch- und Guck". Filialen gab es in Siegmar und Adelsberg. Aber hier am Nordhang des Kaßberges saßen die Chemnitzer Supermänner. Auf der anderen Seite der Weststraße befinden sich die Gerichtsgebäude und das Untersuchungsgefängnis. Und nebenan gleich noch das Konsulat der ehemaligen UdSSR.

Richtig ! En bloc gesehen, war die östliche Flanke des Kaßberges das eigentliche Machtzentrum der Stadt.
Im Gebäude der Stasizentrale hat sich ein Kulturzent-

rum etabliert. Die Grünen, das Neue Forum und intellektuelle Bürgerbewegungen haben daran großen Verdienst. Lange ging der Streit hin und her, ob Kulturzentrum oder Finanzamt.

Hohe Straße

Demnächst soll - so Gott will - ein Museum für die berühmte Buchheim-Sammlung eingerichtet werden. Deutsche Expressionisten - Dix , Pechstein und andere, aber vor allem auch Schmidt-Rottluff, der aus dem Chemnitzer Stadtteil Rottluff stammt.

Ohne Frage, dieser Buchheim ist eine irre Type - eben ein fanatischer Kunstsammler, selbst Künstler in vielen Sparten, und er ist in Chemnitz aufgewachsen. Daher rührt hauptsächlich seine Idee, die geliebte Sammlung der Stadt Chemnitz zu vermachen. Ob die Idee allerdings wirklich ganz ernst gemeint ist...?

Die Sammlung soll einen Wert von über 100 Millionen Mark verkörpern. Das Museum wäre die Krönung seines Lebenswerkes.

Ja, erstaunliche Menschen gibt es. Allerdings war ihm schon viel in die Wiege gelegt worden - der Vater besaß eine Eisengießerei in Rochlitz, die Mutter war Malerin - und sie brachte ihren Sohn mit Vorbedacht nicht in Chemnitz, sondern in Weimar zur Welt. Sozusagen im Dunstkreis deutscher Hochkultur.

Wenn an Buchheims Wiege, statt des Gießereibesitzers ein Eisengießer und statt der Malerin, ein Bürofräulein gestanden hätten...nein, da braucht man kein Prophet zu sein, dann wäre die Sammlung wesentlich bescheidener ausgefallen, wenn sie überhaupt vorhanden wäre.

Wer nichts erheirat` oder erbt, der bleibt ein armer Hund, bis dass er sterbt.

Tja, und wenn man mal bedenkt, wer an der Wiege der

ehemaligen DDR stand - links Stalin, rechts Ulbricht...und allein der Zustand der Wiege ! Ein total zerbombtes Land, welches riesige Reparationsleistungen an die Sowjetunion erbringen musste ! Und für den Westen gab's den Marshall-Plan. Das sollte man nicht ganz vergessen.

Gut, die Stasi ist damit nicht vom Tisch, aber man sollte auch bei dem beliebten Stasi-Thema die Kirche im Dorf lassen. Und selbst wenn wirklich alle Bürger von diesem wahnsinnig aufgeblähten Apparat bespitzelt wurden, welche Folgen hatte es denn?

Sicher, es gab schlimme Fälle, aber auch in der Superdemokratie der Bundesrepublik hat der Geheimdienst bestimmten Regimegegnern nicht nur Zucker in den Hintern geblasen.

Weshalb wurde denn bespitzelt? Wovor wollte man den Staat schützen?

Gut, es ging sicher immer wieder um Westkontakte, um Kontakte zum Klassenfeind. Und sonst ?

Wenn Sie sich diese Fragen mal selbst beantworten, dann kommen Sie darauf, dass die nach innen gerichteten Aktivitäten in der übergroßen Mehrheit nur das lächerliche Ziel hatten, die herrschende Clique in Pankow in der Sicherheit zu wiegen, man habe alles im Griff. Oppositionelle wurden nicht bei Nacht und Nebel verhaftet, sondern korrumpiert und als Spitzel angeworben. Die Stasi war überall - in den Kirchen, in den intellektuellen Kreisen, in den Arbeitskollektiven - und es waren meistens die, die am lautesten auf den Staat und die Partei geschimpft haben. Die wussten ja, dass ihnen nichts passieren konnte. Ach, halten Sie mir auf - ich habe das lange genug mit ansehen müssen - wer die Stasi jetzt zum großen Belzebub, zur Inkarnation der Gestapo aufmotzen will, der liegt falsch. Die Stasi hat Berge von Akten fabriziert, aber nicht Berge von Leichen.

Die Stasi war ein ohnmächtiger Koloss, der selbst nicht hören durfte, was ihm tagtäglich in den Ohren klang. Was die Stasi wusste; das, was sie durch ihr Spitzelsystem alles erfuhr, das durfte schließlich nicht wahr sein - weil nicht sein kann, was nicht sein darf!

Genau - was sein durfte, das verbreiteten die Massenmedien - voran das "Neue Deutschland" und das Fernsehen mit seinem Chefkommentator, Karl-Eduard von Schnitzler, an der Spitze.

Verzeihen Sie, wenn ich mich bei diesem Thema etwas ereifere - aber schließlich geht es ja dabei stets auch immer mit um meine Haut, um meine Ideen!

Zum Beispiel hat doch einer dieser Verbrecher, dieser Schabowski - lange Zeit Chefredakteur des "ND" -, die Stirn, in der "Morgenpost" Artikel zu schreiben, in denen er sich etwas Asche aufs Haupt streut, aber ansonsten anderen den Dreck in die Schuhe schiebt. Vor allem mir ! Bitte lesen Sie das hier, ich hab mir das ausgeschnitten und aufgehoben, weil es mich derart empört hat... also, ich kann Ihnen sagen...aber lesen Sie erstmal!

"Der Trierer Advokatensohn Karl Marx räumte mit den freundlichen Denkspielen auf. Zur Weltverbesserung bot er erstmals eine "Wissenschaft" an. Sie versprach, dass das Land der irdischen Verheißung

nicht in ferner Zukunft, sondern alsbald zu machen sei, wenn man nur sein revolutionäres Konzept befolge."

- als hätte ich Kochrezepte zur Weltverbesserung verfertigt! Und außerdem bot ich keine Wissenschaft an, sondern ich bearbeitete mein Feld, nämlich die politische Ökonomie, mit wissenschaftlichem Gerät!

"Was legitimierte Dr. Marx zu dieser hochfahrenden Gewissheit?
Eigentlich nichts bis auf seine scharfsinnige Analyse gesellschaftlicher Verhältnisse seiner Zeit."

- mir wird vor Wut regelrecht schlecht, wenn ich das lese - hochfahrende Gewissheit! Und wenn dieser Dummkopf, wahrscheinlich um gegenüber gebildeten Menschen nicht völlig unglaubwürdig zu wirken, mir zugesteht, eine "scharfsinnige Analyse" habe mich legitimiert, dann frage ich, was sonst außer einer scharfsinnigen Analyse hätte mich als Wissenschaftler zum Stellen von Prognosen legitimieren sollen ? Göttlichkeit vielleicht ?
Und dann das Schärfste:

"Eben das Nichtwissenschaftliche, das Utopische am Marxismus, hat zu den Mangeleigenschaften in den Gesellschaften geführt, in denen der Marxismus wie der Leninismus und der Stalinismus Staatsideologie wurde..." (23)

Ist das nicht grausam? Da stellt dieser Bonze mein Werk auf eine Ebene mit dem Stalinismus! Da macht dieser Schrumpfkopf meine Theorien für Mangeleigenschaften verantwortlich! Ungeheuerlich !
Wer hat denn meine Lehre zum Bestandteil einer Staatsideologie gemacht? Das waren doch er und seinesgleichen!
Dieser Heuchler hat nicht mal die Einleitung vom "Kapital" gelesen, geschweige denn - begriffen. Was diese Blase und seine Kumpane im Politbüro für Marxismus gehalten haben, waren ihre eigenen Verdauungswinde, die ihnen ins Gehirn gestiegen sind. Ich könnte die allesamt...
Oh, pardon !
Sie haben Recht - wir wollten eigentlich einen gemütlichen Stadtbummel unternehmen. Und ich stehe hier und schimpfe wie ein Rohrspatz! Das hat schon meine Frau an mir immer bekrittelt - meine cholerische Ader. Aber machen Sie was gegen Ihre eigene Natur!
Lassen Sie uns die Hohe Straße gehen - immer an der Kante des Kaßberghanges entlang - bis wir vorn zu den Gerichtstreppen kommen.

"1878/79 entstanden an der auf steilem Hang über der Stadt liegenden Hohen Straße die Gerichtsgebäude....Daneben liegt die Erweiterte Oberschule Friedrich Engels, deren Vorläufer das bereits 1871 an dieser Stelle errichtete Königliche Gymnasium gewesen ist."(24)

Friedrich-
Engels
Schule

Stellen Sie sich diese sinnige Konstellation vor - hier rechts also das Gymnasium und da links das Haus, welches am Fuß des Hanges steht und über eine kleine Brücke auch von der Hohen Straße her erreichbar war, dieses Haus war in den zwanziger Jahren ein Puff. Die Nazis haben später das Etablissement dicht gemacht. In Sachen Moral waren sie sehr eigen! Oh doch.
Ob die schmale Brücke zum Sündenpfuhl einstmals häufiger von den Gymnasiasten oder den Lehrern benutzt wurde...?

Die Treppe
zum Puff

Auch Stefan Heym, der in dieses Gymnasium ging, gibt in seinen Memoiren darüber keine Auskunft.
Ja, Stefan Heym, der weltberühmte Schriftsteller, der den DDR-Behörden stets soviel Ärger bereitet hat, der stammt aus Chemnitz und besuchte dieses Gymnasium hier. Seine Eltern wohnten auf dem Kaßberg - Kaiserplatz 13 und eine zeitlang auch in der Hoffmannstraße. Allerdings - in den Schularchiven wird er unter seinem gutbürgerlichen Namen Helmut Flieg geführt. Stefan Heym ist ein Künstlername. Aber am besten, Sie lesen mal das Buch von Stefan Heym "Nachruf".
Doch, Sie sollten sich die Zeit nehmen; schon deshalb, weil er der vielleicht bedeutendste Chemnitzer ist, den die Stadt bisher hervorgebracht hat.
Nein, da haben Sie recht - an Berühmtheiten ist die Stadt nicht eben reich gesegnet. Der bekannteste Chemnitzer ist dabei sicherlich Dr. Georgius Agricola, allerdings war der kein gebürtiger Chemnitzer. Sein Geburtshaus stand in Glauchau.
Und weil wir einmal bei Agricola sind, sollten wir gleich hinübergehen, Richtung Markt, wo sich das Zentrum der mittelalterlichen Stadt befand. Wir brauchen nur die Gerichtstreppen hinuntergehen, überqueren auf dem Pfortensteg den Chemnitzfluss, und dann sind es nur noch wenige Schritte.

"Der Chemnitzfluss hatte für die wirtschaftliche Entwicklung unserer Stadt, für die gesamte Zeit von der Stadtgründung bis in das ausgehende 19.Jahrhundert eine wesentliche Bedeutung. Sein

Wasser bleichte einst..." -

...einst!! !

-...die hier erzeugten Gewebe, walkte und färbte die Stoffbahnen, trieb die Mahl, Säge- und Schleifmühlen, brachte die Blasebälge der Saigerhütte und die schweren Kupferhämmer in Bewegung...
Die Mühlen standen unter königlichem Schutz.
Vom Pfortensteg zweigte der Mühlgraben für die Tuchmacher-Walkmühle, die Klostermühle und vermutlich auch die Wasserversorgung für die erste Landesbleiche in unserer Stadt ab."(25)

Wir überschreiten jetzt den Chemnitzfluss, der übrigens - gottseisgedankt - niemals Karl-Marx-Stadt-Fluss geheißen hat.
Der Name Chemnitz soll sich vom slawischen "kamenitz" - steinreicher Fluss - ableiten. Ja, und wenn es weiter so bergab geht mit der Wirtschaft im Erzgebirge, dann könnte das Wasser des Chemnitzflusses in naher Zukunft wieder seine Steine zeigen und zum Bleichen verwendbar sein. Das Flusswasser wird mit jeder Betriebsauflösung, mit jeder Pleite sauberer. Besonders das Massensterben der vielen kleinen und großen Textilbetriebe macht sich für die Wasserqualität positiv bemerkbar. Hier am Pfortensteg, wo das Wasser durch die Flutrinne braust und schäumt, soll bereits eine Forelle gesehen worden sein. So kann man also wieder mal feststel-

len - was dem einen sin Uhl, is dem andern sin Nachtigall, bzw. sine Forelle.

Kamenitz

Womöglich verändert sich der gesamte Erzgebirgsraum von der Industrie- zur Touristikregion?
Das wäre sicher nicht die übelste Entwicklung, die man sich vorstellen kann.
Zugegeben - die Vorstellung fällt ziemlich schwer, aber wenn wir vor tausend Jahren an dieser gleichen Stelle am Fuße des Kaßberges gestanden hätten, hätten wir uns wohl auch kaum vorstellen können, dass in dieser sumpfigen Gegend eine große Stadt entstehen könnte.

"Das Gründungsgelände der Stadt in der 800m breiten Talaue des Chemnitzflusses bot für eine Besiedlung denkbar ungünstige topografische und geologische Bedingungen. Wie in toten Armen der Chemnitz an mehreren Stellen der Talaue abgelagerte humose Substanzen (Schlammlinsen) beweisen, mäandrierte der Fluss vor Beginn der Besiedlung der Talaue ständig.
Ein solcher Schlammtümpel zog sich östlich der Lohstraße vom Getreidemarkt zum Holzmarkt (heute Rosenhof) hin."(26)

Der Bach, der hier in die Chemnitz mündet, heißt übrigens Kappelbach. Früher hat dieses Rinnsal mit schöner Regelmäßigkeit Überschwemmungen verursacht. Mittlerweile hat man dem Bach ein ordentliches Bett gezimmert, so dass er seine frühjährlichen Wassermassen in die Chemnitz ableiten kann. Erwähnenswert ist der Bach allerdings mehr wegen seines Chamäleon-Charakters.

Ich sah diesen Bach schon in schönstem Purpur und kurz darauf in giftigstem Grün dahin fließen. Witzbolde meinten, man könne an der Farbe des Kappelbaches erkennen, welche Farbe zwei Monate später als Modefarbe in den Konsumgeschäften dominieren würde.
Die Färbereien, die die Ursache für das prächtige Farbenspiel des Baches waren, sind wahrscheinlich Pleite gegangen. Jedenfalls ist der Bach seit geraumer Zeit nur noch dreckig.
Und hier ungefähr, wo wir stehen, so wie die Straße im Bogen verläuft, verlief nach links und rechts die Stadtmauer der mittelalterlichen Stadt. Das große graue Gebäude, welches Sie da rechtshin hinter dem Falkeplatz sehen, das auch der Rundung des Stadtmauerverlaufes angepasst ist, das ist das Gebäude der Deutschen Bank zu Chemnitz. Schon vor dem Weltkrieg - und jetzt wieder. Und in dieser Bank fand kurz nach der Wende der erste Banküberfall mit tödlichen Auseinandersetzungen auf dem Boden der neuen Bundesländer statt. Das war der endgültige Beweis dafür, dass die kapitalistische Freiheit allhier über die Menschen gekommen war. Amen.

"Der Bau der ersten Stadtbefestigung in Chemnitz begann vermutlich schon vor dem Ausgang des 12.Jahrhunderts....Die erste Chemnitzer Stadtmauer...war etwa 5,70m hoch und 1,40 bis 1,70 m dick.
In der Mitte des 17.Jahrhunderts umfasste die Stadtbefestigung neben den erwähnten Mauern und Gräben 4 Tore, 25 Türme und 10 Rondelle."(27)

Siegel der Bürger zu
Chemnitz um 1290

Auch an dieser Chemnitzer Stadtmauer hat es sicher dazumal "Mauerschützen" gegeben. Allerdings lautete deren Befehl mit absoluter Sicherheit, den unbefugten Zutritt zur Stadt zu verhindern, und nicht, den Bürgern der Stadt das Weggehen zu verwehren. Aber zweifelsohne stand der Idee, Westberlin einzumauern, die mittelalterliche Stadtmauer Pate. Oder die Chinesische Mauer ?
Nunja, vielleicht hätte Erich im Verlaufe seines Prozesses noch einige Auskünfte über seine geistigen Vorbilder gegeben, wenn ihm die Gelegenheit dazu geboten worden wäre. Schade, dass der Prozess abgebrochen wurde. So sind die Richter der Blamage entronnen. Der Prozess wäre schließlich ansonsten - ich halte jede Wette - ausgegangen wie das berühmte Hornberger Schießen.
Denn - wofür hätte ihn das Gericht verknacken können? Der Schießbefehl - herrje ! An hunderten Grenzen der Welt wird geschossen, wenn jemand unerlaubt von einem Land ins andere will.
Schön, vielleicht wären bei Erich, wie bei diesem FDGB-Boss, Harry Tisch, irgendwelche läppischen Überschreitungen der Amtsbefugnis aufgedeckt worden? Vielleicht ein paar Dienstreisequittungen, die nicht ordnungsgemäß abgerechnet waren. Oder - wie bei diesem Mielke - irgendeine Tat, die er in frühester Kindheit beging.
Ach, wissen Sie, am Ende hätte in dem Prozess, den der Bundesdeutsche Staat gegen Honecker führte, eigentlich herauskommen müssen, dass die Bundesrepublik dem Honecker das Bundesverdienstkreuz in Gold zuspricht,

wegen seiner epochalen Verdienste bei der Beseitigung des Sozialismus auf deutschem Boden sowie für seine Wohltaten am Kapital, das in der Geschichte nie ein größeres Schnäppchen gemacht hat, als mit der ehemaligen DDR.

Verurteilen könnte ihn und all die anderen SED-Bonzen, die sich wie absolutistische Könige und Fürsten aufführten, nur ein Gericht der ehemaligen DDR - wegen Sabotage und Vaterlandsverrat! Oder ein Volkstribunal ehemaliger DDR-Bürger konstituiert sich, um ihn anzuklagen.

Allerdings - da muss ich Ihnen zustimmen - die Gefahr bestünde dabei, dass die, die da klagen würden, bald selbst mit auf der Klagebank platznehmen müssten. Die Verstrickungen der Schuld sind vielgestaltig.

Die Mauer hat Erich nicht alleine gebaut.

Aber eines muss ich Ihnen eingestehen - nie habe ich zu Lebzeiten auch nur den leisesten Anflug einer dahingehenden Befürchtung gefühlt, dass dort, wo sozialistische oder frühkommunistische Verhältnisse entstehen, die Menschen mit Mauern und Stacheldraht zum Bleiben gezwungen werden müssten. Umgekehrt hätte ich gemeint, die Proletarier aller Länder müssten heranströmen in Massen.

Tja, die Proleten sind eben doch ein zu ungebildetes Volk - sie waren schon seit langem keine führende Klasse mehr, sondern eine verführte Klasse - eine vom Wohlstandswunsch verführte Klasse. Ich glaube, wenn die Idee einer gerechten Gesellschaft in der Praxis Wahrheit werden kann, dann nur - ja ich bin mittlerwei-

le überzeugt davon -, wenn die schöpferische Intelligenz sich mit Vernunft den existenziellen Problemen der Erde annimmt.
Wann das soweit sein wird? Nun, die Intelligenz wird sich der Probleme dann annehmen, wenn sie im Gestank der Leichen, die sich in der dritten Welt türmen werden, zu ersticken droht. Eher nicht, aber dann könnte es gelingen; dann nämlich, wenn die Erde von allen Menschen als Ganzes begriffen werden muss; wenn die Probleme nicht mehr in irgendeine dritte Welt abgeschoben werden können. Dass das keine optimistische Prognose ist, will ich gern eingestehen, aber wer will mir einen gediegenen Pessimismus verdenken?

" Der Kommunismus ist empirisch nur als die Tat der herrschenden Völker "auf einmal" und gleichzeitig möglich, was die universelle Entwicklung der Produktivkräfte und den mit ihnen zusammenhängenden Weltverkehr voraussetzt." (28)

Von der mittelalterlichen Stadtmauer um Chemnitz ist nicht viel erhalten geblieben. Nur der Rote Turm und einige Fundamentreste, die man im Fußgängertunnel an der Zentralhaltestelle sehen kann.

Roter Turm

Ja, die Zentralhaltestelle - sie ist auch so eine Idee der Stadtarchitekten der sechziger Jahre. Ein zentraler Knotenpunkt aller öffentlichen Verkehrsmittel - ideal zum Umsteigen in beliebige Richtungen. Aber was nützt diese Idee heute, wenn die überwiegende Mehrheit der Menschen mit dem privaten PKW fährt? PKW fahren, ist billiger als Straßenbahn, oder Bus.
Da haben Sie Recht - das ist Umweltpolitik in voller Aktion - weg vom öffentlichen Verkehrsmittel! Jedem sein eigenes Auto!
Genau, in ein paar Jahren wird die Erde dann so voll von Autos sein, dass keins mehr fahren kann. Irrwitzig ! Der permanente Stau.
Und wenn man mal bedenkt - über elftausend Verkehrstote pro Jahr allein in Deutschland. Wenn man das auf die Erde hochrechnet - also mal in grober Schätzung - dann dürfte die Zahl der Toten kaum unter einer Million liegen. Eine Million Tote jährlich !
Tja, angesichts dieser Zahlen - was sind da ein paar tausend Tote in irgendeinem Krieg zwischen irgendwelchen wild gewordenen Nationalisten?
Vielleicht ist das Autofahren das Mittel, über welches sich heutzutage die natürliche Auslese durchsetzt. Nur die Geschicktesten, die Cleversten überleben. Oder sind es die Rücksichtslosen, die immer wieder mit heiler Haut davonkommen?
Ja, da haben Sie recht, an solche Fragen traut sich kein Politiker heran - weder von rechts, noch von links. Und die Grünen sind einfach zu kindisch, um ernst genom-

men werden zu können.
Im Mittelalter wirkten die Kriege und die Seuchen als Auslesefaktoren. Sie dezimierten die Menschen beständig auf jenes Maß, welches die Erde verkraften konnte.

"1646 - der Dreißigjährige Krieg - Von den 960 Häusern der Stadt liegen 690 in Trümmern...von 1000 Bürgern sind kaum 80 noch vorhanden."(29)

Vielleicht ist die Natur wirklich ein sich selbst regulierendes System. Vielleicht brauchen wir uns wirklich keine Sorgen über die Weiterexistenz der Menschheit zu machen - im rechten Augenblick lässt sich die Natur schon irgendwas einfallen - so was wie Aids zum Beispiel, oder noch schnellere Autos - damit die Menschheit auf eine erträgliche Zahl reduziert wird. Aber wer weiß....
Jetzt sind wir jedenfalls im so genannten Rosenhof angekommen. Die erste Fußgängerzone, die in der Stadt gebaut wurde. Trotz der nicht eben sehr ansehnlichen achtgeschossigen Großplattenwohnhäuser rechts und links - ein doch recht gelungenes Ensemble. Die Arkaden mit den verschiedenen Geschäften...und das flachwürflige Gebäude hier links war früher Stadtambulatorium und ein Kiefernorthopädisches Zentrum, wo jeder hingehen konnte, ohne überlegen zu müssen, ob er sich eine Behandlung leisten kann.
Da drüben auf der Wiese sollte ein Gebäude für das Chemnitzer Puppentheater entstehen. Leider konnte der Plan, der seit den sechziger Jahren existiert, in ho-

neckerschen Zeiten nicht realisiert werden. Ob der Plan jetzt noch Chancen hat, Realität zu werden...?

Gut, wenn Sie unter "Puppen" auch gewisse Damen verstehen wollen, dann stehen die Chancen wahrlich gar nicht so schlecht für ein "Puppentheater".

Die Rosenstöcke in den Beeten stammen übrigens aus Städten, denen im 2.Weltkrieg von den deutschen Armeen besonders übel mitgespielt worden ist - Leningrad (welches heute übrigens wieder St.Petersburg heißt), Lidice, Oradur und Coventry.

Ja, eigentlich eine schöne Geste in Richtung Vergangenheitsbewältigung. Nur, was nützt die schönste Geste, wenn ansonsten herzlich wenig aus der Geschichte gelernt wurde.

Zugegeben, man hat in der ehemaligen DDR viele alte Nazis hinter Gitter gebracht, man hat viel über die Grausamkeiten des Faschismus geschrieben und gesprochen, aber man hat sich letztlich der gleichen Herrschafts- und Propagandamittel bedient, die schon die Nazis so erfolgreich angewendet hatten - Gesinnungsschnüffelei, Bespitzelung jedes durch jeden, Personenkult, und vor allem diese Massenaufmärsche, diese Jubelfeiern, diese hirnrissige Selbstbeweihräucherung!

Es konnte nichts werden mit diesem Realsozialismus. So leid mir das tut - aber ohne Demokratie und ohne Marktmechanismen geht es nicht.

Schauen Sie, vorn - dort wo der Rosenhof auf den Markt mündet - dort sind drei neue Gaststätten entstanden. Ich kann Ihnen alle drei auf das Wärmste empfehlen. Auch in den Geschäften des Rosenhofes ist wieder

Verkaufskultur eingezogen. Und diese Buchläden - die reinsten Schmuckkästchen ! Nur die Bücher, die verkauft werden, die künden von einer ganz anderen Kultur.

Nunja, Sie haben recht - man produziert nach den Bedürfnissen der Massen. Und wenn die Masse auf dem Micky Maus Niveau liegt, wird eben Micky Maus hergestellt.

Tja, nur durch das Ignorieren solcher schlichten kulturellen Bedürfnisse hebt man das Kulturniveau auch nicht. Andererseits steht die Frage, ob man wirklich alle niederen, auch die allerniedrigsten Bedürfnisse, die existieren, bedienen sollte. Als Extrembeispiel will ich mal die Kinderpornografie anführen. Oder Rauschgift. Oder superschnelle Autos...

Und jetzt sehen Sie bereits den Turm des alten Chemnitzer Rathauses.

"1496/98 - Ausdruck der wirtschaftlichen Blüte ist das Rathaus, das nunmehr in Stein ausgeführt wird, ..."(30)

Altes Rathaus

"Den Rathausturm zierte das angemalte Landes- und Stadtwappen, eine Sonnenuhr und das Bild des "Grütznickels". Hinter diesem "Grütznickel" verbirgt sich offensichtlich die Darstellung des St.Nikolaus, des ehemaligen Schutzpatrons der Händler und Kaufleute. Vielleicht war sein Bild etwas danebengeraten, so dass er diesen wenig respektvollen Spottnamen erhielt.
Im Jahre 1557 entstand im ersten Obergeschoß die Ratsherrenstube, der heutige Trausaal des Standesamtes.
1617 brannte das Rathaus ab. 1619 wurde der der Neubau wieder bezogen. Der Turm erhielt eine neue Glocke und eine Uhr mit einer Mondkugel. Die Glocke wurde 1686 durch eine neue ersetzt, "weil die alte so kuttrich klang". Im Jahre 1709 erfolgte wieder eine größere Erneuerung des Rathauses."(31)

Das gesamte 16. Jahrhundert scheint für die Stadt eines der glücklichsten gewesen zu sein. Der frühkapitalistische Aufschwung der Manufakturen und kleineren Industriebetriebe, die im Gefolge des Erzbergbaus entstehen, bringen einen relativen Wohlstand. Auch die Reformation wirkt sich positiv auf die Entwicklung der Stadt aus.

"1539 - Die Kirchenreformation in der Stadt beginnt. Der Landtag zu Chemnitz beschließt die Einziehung der geistlichen Güter zugunsten der evangelischen Kirchen und Schulen.

1546 - Das Benediktinerkloster wird in ein kurfürstliches Schloss umgestaltet, das Klostergebiet in ein kurfürstliches Amt."(32)

Wenn man so schlechthin vom finsteren Mittelalter spricht, so stimmt das eigentlich nicht. Ja, selbst um die Armen, Alten und Kranken kümmerten sich die Kommunen und Kirchen in solchem Maß, dass die schlimmsten Notfälle gelindert werden konnten. Blutsaugende Feudalherren und Kirchenfürsten waren doch eher die Ausnahme. Man war in Stadt und Land aufeinander angewiesen - im Frieden, wie im Krieg. Es gab zwischen Reich und Arm beinahe so etwas wie familiäre Beziehungen.
Ja, eigentlich gibt es so was wie massenhafte soziale Not erst mit dem Entstehen der großen Industrien.

"Die Bourgeoisie, wo sie zur Herrschaft gekommen, hat alle feudalen, patriarchalischen, idyllischen Verhältnisse zerstört...Sie hat die persönliche Würde in den Tauschwert aufgelöst und an die Stelle der zahllosen verbrieften und wohlerworbenen Freiheiten die eine gewissenlose Handelsfreiheit gesetzt."(33)
Zur Blütezeit der Stadt im 16. Jahrhundert gehören natürlich solche berühmten Leute wie
Georgius Fabricius - der unter anderem der erste Rektor der Fürstenschule zu Meißen wurde -, der Humanist Paulus Niavis, der Rektor der Chemnitzer Lateinschule war, auch der Komponist Phillip Deulich und natürlich Dr. Georgius Agricola, die in Chemnitz wirkten und ih-

re Spuren hinterließen.

"1531 - 1555: Der berühmteste Bürgermeister der Stadt Chemnitz ist der Humanist Dr.Georgius Agricola, geboren am 24.3.1494 als Sohn eines Tuchmachers in Glauchau. Er studierte in Leipzig, wird Rektor der Großen Schule zu Zwickau und - nach erneutem Studium in Italien - Stadtarzt in Joachimstal. 1531 kommt er als Stadtarzt nach Chemnitz, 1546 wird er in den Rat gewählt und auf Befehl des Herzogs Moritz Bürgermeister. Während des Schmalkhaldischen Krieges wirkt er in diplomatischer Mission des Landesherrn. In Chemnitz schreibt er die meisten seiner Werke. Agricola wird zum Begründer der wissenschaftlichen Darstellung der Mineralogie, Bergbaukunde, ...und der Metallerzeugung...Mit seinem Hauptwerk "De re metallica" legt er eine schöpferische Enzyklopädie des metallurgischen Wissens seiner Zeit vor, die noch Jahrhunderte lang in Gebrauch war. Agricola stirbt am 21.11.1555."(34)

Agricola

Ja, Agricola ist zweifelsohne der größte Chemnitzer Bürger jener Zeit, obzwar er weder in Chemnitz geboren, noch in Chemnitz begraben wurde. Und besonders der letzte Fakt ist wieder kennzeichnend für ewig menschliche Dummheit und Vergesslichkeit.

Oh ja - derowegen sprechet Doktor Marxus gantz und gar mir aus dem eigenen Herzen ! Bedenket doch - ich, Georgius Agricola, allweil gewesen oftmals Bürgermeister, Stadtmedicus und Wissenschaftler, berühmt in deutschen Landen nicht wenig. Vertrat auch höchstselbst unseren durchlauchtigsten Fürsten in diplomatischen Diensten schwierigster Art, also nicht zuletztens in den Schmalkhaldischen Kriegen. Und der Dank ?! Was des Vaterlandes Dank ?
Nein, bewahre, einen solchen Schreckensschädel wie dem Doktor Marxus hat man mir nicht zum Denkmal gesetzet. Nein, dies Schicksal traf mich nicht.
Mir verweigerte die Chemnitzer Stadtväter, wohl auf Betreiben auch des Fürsten selbst, dem zu dienen treu mir stets angestanden hat, das Begräbnis zu Chemnitz. Fürwahr, man durfte meine sterblichen Reste nicht in Chemnitzer Erde beisetzen. Nun es war, derowegen ich nicht zum neuen Modeglauben übergetreten, wie allweil Hinz und Kunz. Deroweil ich keinen Wendehals hatte, wie man trefflich heutzutage sagen würde, ja, weil ich geblieben bin deroimmer beim katholischen Glauben. Ich hab die Fahne nicht gehängt eilfertig in den protestantischen Wind.

Allhalben habe ich niemalens verhehlt meine Kritik am Katholischen, betreffs solcherdings wie Ablaßhandel und Prunkessucht der Kirchenfürsten und des Papstes. Ich stande langezeit bevor Herr Luther schlug seine Thesen zu Wittenberg ans Tor Gegner übler Auswüchse der reinen Lehre. Weshalben sollte ich hohen Idealen abschwören, deroweil die Menschen nur als unfähig sich erwiesen hatten, den Idealen zu leben ?
Ja, es liegen in der Folge meine Gebeine nicht in Chemnitz, hinsondern im Dome zu Zeitz. Geduldet dorten, nicht erwünscht.
Ohja, Dank der Welt - ein Scheiß darauf !

Und Chemnitz ? Sie fragen, wie mir gegenwärtig die Stadt gefallen möge?
Nun, verzeihen Sie, es ist geworden itzt, wie es gewesen zu meiner Zeit allweil: Zechende Gesellen, die Händel suchen mit Bürgern und Wächtern; Diebespack, das am Markttage nach den Börsen der ehrsamen Hausfrau schielet; Huren, die den Gatten verlocken, der Sinnelust zu frönen und derob die Familie hintanzustellen; Stadtherren, deren Sinnen und Trachten nur das Wachstum des eigenen Beutels betreffet; und Bürger...ja, Bürger allweil, dero jeder dem anderen versucht über das Ohr zu hauen. Der Betrug gelte als ein gesellschaftliches Spiel. Nur wessen Falsch bemerket werde, muß sich schämen, darob er erwischt wurde, nicht etwa des Betruges selbstens halber.
Und alljene, die Liebe und Sitte predigen von Kanzel und Thron, waren schon zu meinigen Tagen nicht selten

die schlimmsten der Exemplare.
Ach, wissen Sie, die Häuser der Stadt sind größer itzt. Die Wagen werden nicht gezogen von Pferden, sondern haben Motoren stattdessen. Die Menschen haben Licht bei Nacht in Haus und auf den Straßen, aber im Wesen sind sie geblieben, was sie gewesen - finstere Egoisten! Die Erleuchtung durch den Glauben an Gott hat immer noch nicht stattgefunden.
Ja, eine gewisse Zeit war ich des Glaubens wohl, die kommunistische Religion könnte das Wunder solidarischen Handelns vollbringen, aber mit den Jahren...nun, dies wissen Sie selbst besser als ich. Dies brauche ich Ihnen nicht darzutun. Sie haben mitgelebt - und mitverloren!
Ja, "mitverloren" sagte ich - Ideal und Perspektive!
Also, Glück auf den Weg ! Es hat mich gefreuet!

Sie waren doch wieder völlig abwesend! Ist Ihnen noch mal Herr Hartmann erschienen?
Ach, diesmal hatten Sie Kontakt mit Herrn Agricola? Interessant !
Sie hätten ihn von mir grüßen sollen!
Nein, wir als materielose Geister können uns nicht begegnen. Als Geist kann man nur den Lebendigen erscheinen.
Achja, der arme Agricola - liegt ruhelos in Zeitz....
Sicher - heutzutage wird man keiner Persönlichkeit, die vor der Wende im Dienst der Stadt gearbeitet hat und die sich nach wie vor zu ihrer alten Überzeugung bekennt, das Begräbnis verweigern, (die Koordinaten der letzten Ruhestätte eines Menschen haben ihre Bedeutung längst verloren,) aber die Aberkennung der Rechtmäßigkeit des langjährigen Tuns könnte sich unter Umständen in der Höhe der Rentenzahlung ausdrücken.
Ich glaube, wer wirklich einem Glauben, einer Überzeugung von Jugend auf gefolgt ist, der kann sie nicht abstreifen wie ein altes Hemd. Es sei, er war nie wirklich überzeugt und hat nur den Herrschenden nach dem Munde gebetet.
Da will ich Ihnen gern zustimmen - die letztere Sorte ist zu allen Zeiten die häufigere unter den Menschen.
Nein, welche Sorte heute im Rathaus dominiert, darauf möchte ich lieber nicht antworten, sonst reißen die mir doch noch meinen Schädel ab.
Ja, auch wenn ich ihn hasse, aber er gehört nun mal zur Geschichte dieser Stadt.

Übrigens - dort drüben, das Gebäude neben dem Siegertschen Haus, das nennt man das Agricola-Haus. Dort in der Nähe soll sein Wohnhaus gestanden haben. Versteckt unter den Arkaden befinden sich eine Büste und eine Gedenktafel für ihn.
Ja, vielleicht hätte er ein größeres Denkmal verdient. Schon als nachträgliche Wiedergutmachung der Begräbnisverweigerung.

"Es gibt keine Landstraße für die Wissenschaft, und nur diejenigen haben Aussicht, ihre lichten Höhen zu erreichen, die die Mühe nicht scheuen, ihre steilen Pfade zu erklimmen." (35)
"....alle Wissenschaft wäre überflüssig, wenn die Erscheinungsform und das Wesen der Dinge unmittelbar zusammenfielen...."(36)

Die Barockfassade des Siegertschen Hauses stammt aus dem frühen 18.Jahrhundert und ist zweifelsohne das Schmuckstück des Chemnitzer Marktplatzes. Nach den Bombenangriffen auf Chemnitz stand nur noch
die Fassade.

Siegertsches Haus

Auch das alte Rathaus war übrigens völlig zerstört und ist erst nach dem Krieg wiedererrichtet worden.
Die Jacobikirche, die vermutlich zur Zeit der Stadtgründung entstanden ist, wurde von den Bomben englisch-amerikanischer Terrorangriffe ebenfalls nicht verschont.
Interessant ist die Westfassade der Kirche, vor der wir momentan stehen. Sie wurde erst 1912 umgebaut und ist eine seltene Schöpfung des Jugendstils. Können Sie den Spruch lesen - ja, ein feste Burg ist unser Gott...
Aber selbst die festeste Burg bietet keinen hinreichenden Schutz vor den Erfindungen menschlicher Zerstörungswut.
Ja, Schöpfung und Zerstörung - das sind sicher dialektische Pole der Entwicklung an sich, aber es fällt mir doch schwer, das mit den Konsequenzen von Krieg und Völkermord zu akzeptieren. Aber es nützt wohl auch nichts, wenn man das Leben durch die rosa Brille betrachtet.
Vor dem Krieg war die Gegend um den Markt eine Zusammenballung von Wohn- und Geschäfthäusern, wie es überall in Städten üblich war.

"Unzählige kleine Ladengeschäfte gab es vor allem im Umkreis der Inneren Kloster-, der Weber- und der Lohstraße...In den letzten Jahrzehnten vor der Zerstörung der Innenstadt drangen auch...Kauf- und Warenhäuser ins Stadtzentrum ein. Im Zuge der Poststraße ...wurden Filialgebäude der großen deutschen Monopolbanken errichtet. ...es entstanden

auch mehrere Nachtlokale, denen zum Teil Varietes und Kabaretts angeschlossen waren. Dazu kam eine ...große Zahl von Lichtspielhäusern, von denen es am Markt allein 3 gab."(37)

In den fünfziger Jahren begann man erstmal, den Stadtkern nach dem alten Grundriss wieder aufzubauen. Ein Ergebnis ist die Klosterstraße, die hier vom Markt beginnt. Dann aber wurde das Konzept für den Wiederaufbau verändert - man entschied sich für großräumige und angeblich zukunftsweisende Bebauung. Das Ergebnis haben wir nach rechts zur Zentralhaltestelle hin und überhaupt im weiteren Zentrumsbereich mit Stadthallen-Komplex und Straße der Nationen.

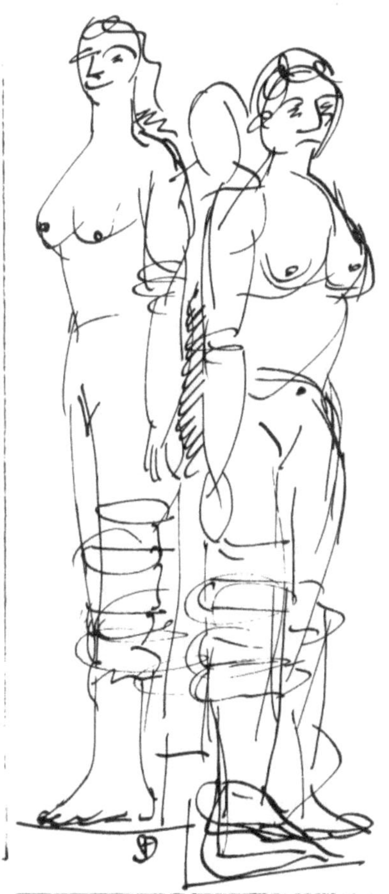
Monument vor dem Stadthallenkomplex

Nicht direkt, dass ich das alles hässlich finde, aber diese Bebauung mit ihrer Weitläufigkeit wirkt irgendwie ungemütlich. Ob nun allerdings der Nachbau des Stadtkerns, wie er aus dem Mittelalter überkommen war, das Gelbe vom Ei gewesen wäre, möchte ich doch auch sehr bezweifeln.
Übrigens - ein Uranwohner des Chemnitzer Marktes hat sich bis heute gehalten - da in der Erdgeschoßzone des neuen Rathauses: Drogengewölbe Otto H. Kratzsch - seit 1837!
Viele kleine Geschäfte sind erst in den Jahren nach Kriegsende eingegangen...worden.
Sicherlich - es war wohl einer der größeren Nägel zum Sarge des Sozialismus, dass man die vielen kleinen Gewerbetreibenden, Handwerker, Bauern und mittelständischen Betriebe in ihrer Entwicklung behindert, oder gar deren Existenz unmöglich gemacht hat.
Es stimmt, ich habe in meinem Werk "Das Elend der Philosophie" geschrieben...und dieses Zitat sei nochmals angeführt...

"Die Handmühle ergibt eine Gesellschaft mit Feudalherren, die Dampfmühle eine Gesellschaft mit industriellen Kapitalisten."(38)

...und man darf daraus mit Logik ableiten, dass computergesteuerte Atommühlen eine Gesellschaft ergeben, wo die gesamte Gesellschaft an den ökonomischen Entscheidungsprozessen beteiligt sein muss, aber man durfte doch nicht daraus schlussfolgern, dass es keine

Handmühlen, keine Dampfmühlen - eben keine feudalen oder kapitalistischen Produktionselemente mehr geben dürfe.
So wie auf der Erde die verschiedenen Kultur- und Gesellschaftsformen nebeneinander existieren - von urgesellschaftlichen Formen bis hin zu frühsozialistischen Gesellschaften - , so existieren innerhalb einer Gesellschaft auch alle früheren Produktionsformen in gewisser Form weiter. Das Handwerk ist nicht durch die Großkombinate zu ersetzen. Auch nicht durch die Großkonzerne. Das ist doch absolut simpel.
Aber diese Unmengen von hochbezahlten Flohknackern, die sich Professoren und Marxisten nannten, waren einfach zu dämlich, geradeaus zu denken.
Nein, nein - vonwegen, die durften nicht denken! Nein, die haben nicht gedacht, denn wenn sie gedacht hätten, dann hätten sie in der Wendezeit ihre Gedanken und Konzepte vorlegen können! Aber da war nichts! Da war nur hohles Gewäsch, was von der bezahlten Philosophie kam. Wer sich jahrzehntelang zur Hure für die Politik macht, kann nicht plötzlich selbst Politik machen. Diese Flohknacker !
Oh, pardon - ich habe mich wieder ereifert. Es soll zum letzten Male passiert sein, vorläufig. Aber es ist aber auch...
Gut - wäre noch das neue Rathaus, was wir erwähnen müssen. Wir stehen ja bereits davor.

neues Rathaus

"Dem neuen Rathaus von Richard Möbius (1907/11) musste eine Reihe alter Bürgerhäuser weichen. Es passt sich an das mittelalterliche Rathaus an; die Renaissance-Fassade enthält Elemente des Jugendstils. Das Innere ist reiner Jugendstil. An der Hofseite wurde das Portal der abgetragenen Lateinschule (1598) eingebaut. Der Stadtverordnetensaal ist durch ein großes Wandgemälde ("Arbeit-Schönheit-Wohlstand") von Max Klinger geschmückt."(39)

Es ist von innen wirklich ausgesprochen schön. Selbst Kindern gefällt es - besonders wegen des Paternosters, der vorhanden ist.
Aber bevor Sie hineingehen - schauen Sie, da drüben haben wir den Roten Turm - das älteste noch erhaltene Bauwerk aus den Anfängen der Stadt. Es war ein Wohnturm, und er war auch Sitz des Stadtvogtes. Später diente er als Gefängnis, als Museum und zu sozialistischen Zeiten auch als Heimstatt für einen Mal- und Zeichenzirkel. Und letzteres war sicher nicht die übelste Art der Verwendung.
Ansonsten möchte ich mich jetzt an dieser Stelle von Ihnen verabschieden.
Das schönste Chemnitzer Architektur- Ensemble, welches eines gemeinsamen Besuches noch würdig wäre, mit dem frisch renovierten Opernhaus, dem Museum, der Pauli-Kirche und Hotel "Chemnitzer Hof" - es steht übrigens alles unter Denkmalschutz...ja, das haben Sie ja bereits bei Ihrer Ankunft in Chemnitz gesehen.

D Theaterplatz

Vielleicht sollten Sie versuchen, noch einen Blick in das Innere des Opernhauses zu werfen. Es ist von einer ausgesucht geschmackvollen Innenarchitektur. Kein Opernplüsch und Goldstuck oder irgendwelche Schnörkel - sachliche Eleganz ! À la bonne heure! Ja, versuchen Sie Ihr Glück, vielleicht finden Sie einen Durchschlupf.
Tja, und den modernen Teil des Zentrums, die Warenhäuser etc. - das werden Sie sicher allein entdecken können. Außerdem - ganz offen gesagt - ich möchte heute nicht noch mal in die Nähe meines Schädels kommen, den Sie dann gleich, sobald Sie am Roten Turm vorübergegangen sind, wieder sehen werden.
Und, was ich noch sagen wollte - mein Freund Friedrich Engels sagte an meinem Grab....

" Niemand kann für eine Sache kämpfen, ohne sich Feinde zu schaffen."(40)

...ich würde mich freuen, wenn ich mir heute in Ihnen einen Freund geschaffen hätte. Oder zumindest einen, der mich und die wenig attraktive Stadt Chemnitz jetzt vielleicht ein bisschen besser versteht.
Also, auf Wiedersehen - und alles Gute !

Juni 1992

"Nischel"

Zitate:

1 - Strauß/Bräuer, "Karl-Marx-Stadt - kleine Stadtchronik", 1979, S.3

2 - Marx/Engels, "Feuerbach"(Kapitel I "Die deutsche Ideologie"), Reclam1985, S.63

3- - Marx/Engels, ebenda, S.52

4 - Marx "Das Elend der Philosophie", MEW, Bd. 4, S.130

5 - J.Seyffahrt, "Bilder und Notizen zur Geschichte von Karl-Marx-Stadt", 1981, S.44

6 - siehe 1, ebenda, S.3

7 - siehe 5, ebenda, S.24

8 - Röber "Schloßberg-Museum Karl-Marx-Stadt", 1975, S.5

9 - unbekannter Meister

10 - " Tourist-Stadtführer Karl-Marx-Stadt", Leipzig 1978, S.49

11 - ebenda, S.49

12 - Marx, "Zur Kritik der Hegelschen Rechtsphilosophie" in "Deutsch-französische Jahrbücher" , Reclam 1981, S.159

13 - Marx "An Jenny Marx", MEW, Bd.29, Berlin 1963,S.535

14 - Marx, "Das Kapital", 3. Band, Dietz-Verlag 1957,S.826

15 - Marx "Manifest der kommunistischen Partei", MEW, Bd.3,S.48

16 - "Karl-Marx-Stadt - Werte unserer Heimat", Autorenkollektiv , Akademie-Verlag, 1979, S.51

17 - ebenda, S.52

18- ebenda, S.104

19- Marx "Das Kapital", MEW, Bd. 23,Berlin 1974, S.195

20 - siehe 15, ebenda, S.105

21 - siehe 1, ebenda, S.11

22 - siehe 1, ebenda, S. 12

23 - Günter Schabowski "Meine Abrechnung", in "Morgenpost", Sonntag

24 - siehe 16, ebenda, S.104

25 - siehe 5, ebenda, S.30

26- siehe 16, ebenda, S.54

27- siehe 5, ebenda, S.26

28- siehe 2, ebenda, S.39

29- siehe 1, ebenda S.7

30- siehe 1, ebenda S.5

31- siehe 5, ebenda S.40

32- siehe 1, ebenda S.6

33- siehe 15, ebenda S.464

34- siehe 1, ebenda S.5/6

35- siehe 19, ebenda, S.31

36- Marx "Das Kapital", MEW, Bd.25, S.825

37- siehe 16, ebenda, S.63

38- siehe 4, ebenda S. 91/92

39- siehe 10, ebenda S.45

40- F. Engels "Entwurf zur Grabrede für K. Marx", in MEW, Bd.17, S.334

41- Marx "Das Kapital", Bd.1, Dietz-Verlag 1959, S.8